DES LOYERS

PAR

M. SAINT-GENEZ

ADMINISTRATEUR DE LA CAISSE D'ÉPARGNE

DU BUREAU DE BIENFAISANCE DU 6ᵉ ARRONDISSEMENT

MEMBRE DU CONSEIL SUPÉRIEUR DES HOSPICES

DE PARIS

Il se faut entr'aider,
C'est la loi de la nature.
LA FONTAINE.

—

20 c.

—

PARIS

ARMAND LE CHEVALIER, ÉDITEUR

RUE DE RICHELIEU, 61

—

1871

A

MES COLLÈGUES LES ADMINISTRATEURS DES BUREAUX DE

BIENFAISANCE DE PARIS

Hommage de reconnaissance.

DES LOYERS

La question des loyers préoccupe vivement les esprits. Les intérêts des commerçants sont si gravement compromis, par suite de l'état de siége et de l'interruption des affaires, qui en a été la conséquence inévitable, que beaucoup d'industries se trouvent, à cette heure, dans une situation telle que tout effort de leur part est impuissant à conjurer le péril, à éviter la ruine qui les menace.

Que de désastres si cette question n'a pas une prompte solution, si les liens qui relient la propriété à l'industrie, au commerce, ne sont pas raffermis par un parfait accord entre les propriétaires et les locataires commerçants? Il importe que des hommes compétents soient chargés de faire, sans délai, une étude approfondie d'une question aussi sérieuse, de laquelle dépend aujourd'hui l'avenir de tant d'honnêtes familles, et sauvegardent leurs intérêts si gravement compromis.

Il y a quelques mois encore, le commerce de Paris était florissant, les relations d'affaires faciles très-étendues, un investissement de quatre mois de durée, ne l'avait pas frappé de stérilité. Certains propriétaires portaient haut leurs exigences, on les subissait; le prix des loyers était, on l'admettait du moins, en raison directe des bénéfices réalisés, une fiévreuse agitation dominait les esprits. Dans le but très louable, du reste, de gagner de l'argent par le travail, on ne s'arrêtait pas au prix exagéré d'une location, la concurrence s'en mêlant, on contractait des baux à des chiffres très-élevés. On ne songeait guère que dans un temps assez rapproché viendraient le chômage, l'interruption des affaires commerciales, on se préoccupait fort peu d'une invasion à main armée, de l'investissement de Paris.

Aujourd'hui, nous devons compter avec tous ces malheurs publics. Quiconque eût prédit de tels désastres, eût été traité d'insensé, les gens les plus clairvoyants n'auraient jamais admis q les folies de l'empire nous préparaient les jours douloureux que nous avons eu à traverser, les malheurs qui accablent notre infortuné pays.

Dans ces cruelles épreuves, il est du devoir de tous de se tendre une main amie, de se protéger dans l'adversité, de se préoccuper sérieusement de la situation qui nous est faite par des événements que nous ne devions pas prévoir, et que nous avons été impuissants à dominer.

Si on veut sauver le commerce, il faut l'assister dans sa détresse, empêcher sa ruine en lui fournissant les moyens de se raffermir par le travail, ne pas exiger de lui au-delà de ses efforts. Il y a vingt-deux ans, son crédit fût ébranlé, on lui vînt en aide, il se releva ; si on le protège encore, il surmontera la crise de 1870, cent fois plus désastreuse pour lui, que celle de 1848.

Le premier pas à faire, dans la voie de cette assistance, est celui-ci : — Acceptons franchement les faits accomplis, combattons sans relâche toutes idées subversives qui ne peuvent qu'engendrer le désordre, le défaut de confiance, acceptons sans arrière-pensée le gouvernement que la France vient de proclamer. A ces conditions, nous arriverons promptement à cicatriser nos plaies, à reconquérir notre haute influence. L'abaissement, le morcellement de la France e peuvent pas être de longue durée. Si, un instant, la force a primé le droit, le droit ne tardera pas à primer la force. Ce succès dépend de la ligne de conduite que nous allons suivre.

Dans la fâcheuse situation où nous nous trouvons, il n'est pas possible, sans grand péril pour le commerce, de maintenir ce qui a été fait dans des jours plus calmes, plus prospères, les intérêts sociaux sont trop ébranlés. Tout en sachant respecter les droits de chacun, il nous semble facile de remédier à la situation présente.

Envisageons-la de sang-froid, sans passion, c'est le plus sûr moyen d'arriver à une solution prompte, efficace.

Plusieurs propositions ont été faites dans ce but, nous allons les énumérer. Dans une réunion des vingt maires de Paris qui a eu lieu, le 9 courant, à l'Hôtel-de-Ville, une commission a été nommée pour s'occuper de la mise à l'étude immédiate de la question des loyers à Paris pendant le siége. On s'est arrêté aux propositions suivantes:

1. Maintien absolu de la dette avec facilité pour le payement des termes arriérés.

2. Suppression totale des trois termes.

3. Diminution de la moitié des termes.

La 3e et dernière proposition, nous paraît seule équitable, admissible.

Il n'est pas possible de maintenir la dette, la ruine est certaine pour beaucoup de commerçants, on les met dans l'impossibilité de continuer les affaires, on paralyse leurs efforts, malgré tous les délais qui leur seront accordés pour le payement intégral des termes arriérés. En reculant la dette, on aggrave la situation. L'avenir est si sombre, les intérêts si compromis qu'il ne faut rien abandonner à l'incertitude. Il faut tenir compte des difficultés que le commerce aura à surmonter pour rentrer dans une situation normale, du temps qui s'écoulera avant la reprise des affaires.

La suppression totale des trois termes, serait une mesure inique, arbitraire, compromettrait trop gravement les intérêts des propriétaires. Beaucoup vivent du revenu de leurs maisons, on ne peut pas leur imposer de si lourds sacrifices. Le commerce, lui-même, aurait à souffrir de cette inégalité des charges, il comprend qu'il doit avoir aussi sa part des sacrifices.

La proposition de la diminution de la moitié des termes, est la plus rationnelle, la plus conforme à l'équité. Les intérêts des deux parties seront lésés dans des proportions égales, personne ne pourra protester contre une mesure qui, nous aimons à le croire, ne soulèvera pas de difficultés. Cette concession de la part des propriétaires, sera bien accueillie des commerçants, qui ont tous à cœur de se libérer dans un temps très-court, raffermira les bonnes relations qui doivent exister entre propriétaires et locataires. Ne sont-ils pas solidaires les uns des autres ? Leurs intérêts ne sont-ils pas étroitement liés, et le lien peut-il se rompre sans amener une grande perturbation dans ces intérêts ?

D'un commun accord, ne serait-il pas encore opportun et juste de réviser des baux contractés dans des temps où l'argent n'avait plus de prix ? La difficulté des termes tranchée, sera-t-il possible aux commerçants, si le chômage persiste, de supporter des charges locatives au-dessus de leurs forces ? Cette question réservée et plus tard mise à l'étude, s'il y a lieu, nous pensons qu'il serait équitable de faire profiter des avantages que le commerce sollicite avec si juste raison, les classes ouvrières qui se trouvent, elles aussi, dans une situation désastreuse, par suite de la cessation de travail et des devoirs que la défense de Paris leur a imposés. Elles en seraient reconnaissantes, se libéreraient promptement. Les propriétaires n'auraient qu'à gagner à cette concession ; ils s'assureraient ainsi le paiement d'arriérés qui sera bien incertain, s'ils persistent dans leurs exigences.

Pour certains locataires commerçants qui n'ont pas eu à souffrir de l'état de siége, dont les recettes sont restées ce qu'elles étaient avant nos désastres, il y aurait, de leur part, mauvaise grâce, pour ne pas dire plus, à ne pas donner pleine satisfaction à leurs propriétaires. Dans sa haute sagesse, la Commission chargée d'examiner la question appréciera et jugera.

Une quatrième proposition a été faite dans la réunion de MM. les maires de Paris. Elle va être, de notre part, l'objet d'un examen attentif. Nous n'avons pas la prétention d'en faire une étude approfondie; nous laissons ce soin à des personnes plus compétentes. Une tâche aussi ardue est au-dessus de nos connaissances commerciales.

Elle est ainsi formulée :

Quant aux six mois acquittés d'avance, condition locative qui, comme on le sait, est particulière à Paris, la Commission est appelée à décider s'il y a lieu à une suppression totale ou au maintien de la clause, avec cette réserve que les sommes versées ainsi par anticipation porteront intérêt à 4 0/0 à payer par les propriétaires. On ne dit pas si le paiement des intérêts sera trimestriel, semestriel ou annuel.

Nous sommes d'avis que la clause doit être maintenue, autant dans l'intérêt des commerçants que des propriétaires. Nous pensons qu'on peut mieux faire que d'exiger au profit des locataires l'intérêt à 4 0/0 des sommes versées en garantie. Nous allons bientôt dire les raisons qui nous ont décidé à maintenir cette clause, faire ressortir les avantages qui peuvent en résulter pour les parties intéressées.

Il y a quelques irrégularités qui ont échappé à l'examen de la quatrième proposition; nous croyons devoir les signaler. Si, à cette condition locative particulière à Paris, le temps a, pour ainsi dire, donné force de loi, la loi doit être la même pour tous.

Quelques propriétaires exigent plus que les six mois d'avance. Nous connaissons des commerçants qui ont versé, à titre de garantie, l'année entière. Ces exigences ne doivent pas être tolérées ; la Commission en fera, nous l'espérons, prompte justice.

Nous avons dit que la clause des six mois de garantie devait être maintenue, nous allons nous expliquer sur ce point.

Dans un moment où le numéraire s'est raréfié par suite des temps douloureux que nous avons eu à traverser, après un investissement de quatre mois, une cessation complète des affaires, il est facile de comprendre que le commerce de Paris aura de grandes difficultés à surmonter pour recouvrer son crédit. Les escomptes seront très-onéreux ; le commerce fera difficilement accepter son papier. Les comptoirs, les banquiers seront très-exigeants ; leurs prétentions seront très-élevées. Il s'écoulera bien des jours avant que les affaires reprennent leur courant. Les embarras se prolongeant, le commerce de Paris, jadis si prospère, se trouvera frappé d'impuissance ; les désastres ne feront que se multiplier.

Comment les prévenir ? où est le remède ? à quels moyens recourir pour rouvrir l'atelier à l'ouvrier, le magasin à l'employé, pour assurer le pain quotidien au travailleur, au patron le repos d'esprit, au fabricant l'achat des matières premières, au commerçant l'achat de ses marchandises, si le numéraire manque, si la confiance fait défaut, si l'escompte est à un taux très-élevé, si le papier est accepté avec hésitation, souvent même refusé ?

Venir en aide au travail, c'est concourir efficacement au maintien de l'ordre public ; c'est vers ce but que doivent tendre nos efforts.

On ne s'est jamais rendu compte de la somme que représente le versement des six mois d'avance, du chiffre élevé qu'elle atteint. Nous ne croyons pas tomber dans l'exagération en la portant à cinq cents millions. Ces cinq cents millions sont la propriété du commerce de Paris. L'intérêt à 4 0/0 qu'on réclame des propriétaires est un bénéfice de vingt millions qui lui échappe, dont il est déshérité. Sans doute la restitution de ces vingt millions allégerait ses souffrances actuelles. Mais ne pourrait-on pas mieux faire? Ne pourrait-on pas, de ces capitaux immenses, faire un fructueux emploi pour les propriétaires et sauvegarder, en même temps, les intérêts des commerçants? La chose serait aisée si le projet que nous avons conçu était approuvé par les parties intéressées.

Avec ces cinq cents millions, nous proposerions de créer un comptoir commercial d'escompte, administré par des propriétaires et des commerçants, les uns et les autres, aptes aux affaires, d'une parfaite honorabilité.

Pour faciliter la réalisation de ce projet, nous allons entrer dans quelques développements et faire ressortir les avantages de cette institution.

Nous voici arrivés à la partie la plus épineuse de notre sujet, l'appel des fonds; n'hésitons pas à l'aborder.

Exiger des propriétaires le remboursement des six mois de garanties acquittées d'avance serait leur susciter de trop grands embarras. Beaucoup s'étant depuis longtemps dessaisis de cet argent se trouveraient dans l'impossibilité de répondre à un appel immédiat. Il est un moyen de tout concilier.

A dater du terme de juillet prochain, il serait versé par les propriétaires au comptoir commercial un tiers du terme échu pour une location qui ne dépasserait pas deux mille francs ; la moitié du terme pour une location qui excèderait deux mille francs, et ainsi de suite pour les termes suivants jusqu'à restitution des six mois de garantie acquittés d'avance. Le comptoir ne tarderait pas à fonctionner. Nous avons déjà dit qui aurait la surveillance, la direction des fonds. Les administrateurs arrêteraient le taux de l'escompte qui, selon les circonstances, pourrait subir des changements, il n'est pas possible qu'il soit invariable. Pour tous les billets, quelle que fût l'importance de la somme, le taux de l'escompte serait le même.

Toute opération en dehors de l'escompte du papier présenté par les ayants-droit lui serait interdite, le comptoir devant être exclusivement la maison de banque du commerce, la maison d'escompte de son papier. Là seraient la garantie du succès, la sécurité pour les propriétaires ; son avenir ne serait jamais en péril.

Tout commerçant, indistinctement, se trouvant dans la condition locative des six mois d'avance aurait accès au comptoir. Son papier aurait le privilége de l'escompte jusqu'à concurrence de la moitié de la somme versée. La seconde moitié resterait comme garantie, il n'en pourrait disposer sous aucun prétexte. Les administrateurs décideraient de son emploi. Il y aurait suspension d'escompte pour le commerçant dont la signature serait en souffrance par suite d'un billet impayé à l'échéance. Il aurait à en expliquer la cause. Pour rentrer dans son droit, pour sauver son crédit, il se hâterait de dégager sa signature.

Le petit commerce trouverait dans cette institution des avantages réels. Où peut-il escompter son papier ? Il n'a pas de compte ouvert à la Banque de France. Inconnu des banquiers, n'ayant pas de gros bordereaux à leur présenter, il vient frapper inutilement à leurs portes. Sa probité commerciale est irréprochable, il a contracté des engagements, il veut les remplir. Son papier refusé par les maisons qui font métier d'escompte, pressé par le besoin, il se renseigne. Un banquier marron, prêteur d'argent à gros intérêts lui est indiqué. Il accepte de l'argent à un taux de 25 p. 100, 30 p. 100, quelquefois davantage, il tient à faire honneur à sa signature.

Que d'angoisses, que de larmes versées avant cet échange honteux du petit papier contre de l'argent trouvé à de dures conditions? Combien d'honnêtes commerçants sont condamnés à passer sous ces fourches caudines? Le comptoir commercial n'aurait-il que le mérite de mettre fin à des transactions aussi immorales, son institution serait de la plus haute utilité?

En extirpant du commerce la lèpre hideuse qui le ronge, l'usure, en condamnant à l'inaction l'escompteur à gros intérêts qui le ruine, le comptoir rendrait de grands services. Il moraliserait les transactions, sauverait de la ruine, de la faillite, des commerçants qui succombent sans qu'il y ait de leur faute, sans que leur conduite dans les affaires puisse être incriminée. Les relations commerciales facilitées par lui, le commerce de Paris compterait moins de désastres. Les commerçants seraient mieux renseignés, la probité commerciale triompherait, le commerce n'aurait qu'à s'applaudir de ce succès.

Outre la facilité de l'escompte pour le commerçant, le comptoir lui offrirait d'autres ressources. Il pourrait, en toute sécurité, y déposer ses économies à un intérêt plus élevé que dans toute autre maison de dépôt. Cet argent dont il pourrait toujours disposer selon ses besoins serait une nouvelle garantie, une garantie commerciale offerte par lui. Dans ce dépôt de fonds, il trouverait un double avantage : intérêt du capital versé, faculté d'escompter des valeurs pour une somme plus élevée.

Le retrait partiel ou total d'un dépôt ne pourrait avoir lieu que le troisième jour après la demande. Dans des cas urgents qui seraient prévus, le comptoir institué dans le seul but de protéger le commerce, sur décision prise par son conseil d'administration, serait autorisé à rembourser dans un délai plus rapproché. Le remboursement ne serait immédiat que si le déposant avait sa signature en souffrance, si son crédit était menacé.

Parvenus au point où nous sommes de l'examen de notre projet, nous nous trouvons en face de l'œuvre même, le fonctionnement du comptoir.

Douze administrateurs seraient chargés de la direction du comptoir commercial, en surveilleraient les opérations, répartiraient les dividendes, fixeraient le taux de l'escompte. Le conseil d'administration serait composé, par nombre égal, de six propriétaires, de six commerçants. Un compte rendu des opérations serait publié tous les trois mois, la répartition des dividendes serait semestrielle et se ferait pour les commerçants au prorata des sommes versées en garantie par chacun d'eux. Les propriétaires auraient droit au tiers de la somme à répartir, les deux autres tiers resteraient aux commerçants locataires. Les propriétaires trouveraient, nous en sommes persuadés, dans cette répartition ainsi arrêtée un bénéfice supérieur à l'intérêt que produisent les sommes restées dans leurs mains à titre de garantie locative. Ils auraient le droit, si bon leur semblait, d'en faire le dépôt au comptoir, d'établir un compte courant à leur profit. Ces dépôts produiraient un intérêt dont le taux serait arrêté soit par le conseil d'administration, soit, en réunion générale, par tous les ayants-droit à la répartition.

Le commerçant devient son propre banquier, participe au bénéfice de l'escompte du papier qu'il dépose au comptoir, et par cela même en affaiblit le taux.

De même que les propriétaires, les commerçants jouiraient du droit de dépôt. Ils établiraient un compte courant qui leur offrirait des ressources dans les temps de chômage, de gêne ou de pertes dans leur commerce. Ils auraient même la faculté d'immobiliser leur part des dividendes et s'ouvriraient ainsi un escompte plus large, leur garantie étant plus élevée. Les dépôts pourraient être retirés, si besoin était, en se conformant aux conditions que nous avons déjà indiquées et qui régissent les dépôts de l'épargne.

La probité commerciale, la prévoyance, doivent être les qualités premières du commerçant. Le comptoir lui rappellerait l'une s'il venait à la perdre de vue et lui fournirait les moyens de ne jamais se séparer de l'autre.

Une plume plus exercée que la nôtre laisserait moins de lacunes, traiterait plus à fond le sujet qui nous occupe, entrerait dans de plus amples développements.

Notre tâche sera remplie si nous arrivons à fixer l'attention, à poser les jalons qui traceront la voie dans laquelle nous voudrions voir entrer les propriétaires et les commerçants. La bonne harmonie régnant, le terrain que nous laissons inculte ne tarderait pas à pro · duire, à s'enrichir de moissons abondantes.

Dans cette institution, ainsi que nous la concevons, se trouveraient les éléments d'un jury mixte qui serait à la fois un tribunal de conciliation et de répression.

Nous ne verrions plus aux renouvellements des baux, époques solennelles pour le commerce, notamment pour celui de Paris, s'élever des discussions acerbes, brûlantes, entre propriétaires et locataires. L'équité présiderait à ces marchés, les intérêts des parties seraient sauvegardés. Malheureusement, n'avons-nous pas vu trop souvent ces échéances être une cause de ruine pour beaucoup de familles dont les industries étaient l'unique ressource, qui avaient prospéré, grâce à la conduite irréprochable du chef, à son honnêteté, à son aptitude aux affaires et que de monstrueuses prétentions venaient anéantir?

A cette heure fatale, les commerçants n'auraient plus la douleur de se voir à la merci de quelques propriétaires cupides, fort rares aujourd'hui, hâtons-nous de le dire, qui attendaient ce moment pour imposer à leurs locataires les plus dures conditions. L'expulsion s'ensuivait en cas de non acceptation.

Le propriétaire était dans son droit ; l'honnête homme, l'homme de cœur était dans son tort.

Sa maison était sa propriété ; la propriété du commerçant n'est-elle pas son industrie ?

L'étude que nous venons de faire de la quatrième proposition qui a été, dans la réunion de MM. les maires de Paris, le 9 courant, soumise à leur examen est bien imparfaite. Nous avons déjà décliné notre compétence en matière commerciale.

Toutefois, si elle est jugée digne d'examen, si les développements dans lesquels nous sommes entrés peuvent éclairer la commission chargée de l'étudier, nous croyons avoir rempli un devoir de bon citoyen. Nous faisons des vœux sincères pour que les droits des deux parties soient défendus avec impartialité, protégés avec une égale justice, qu'une solution de la question établisse d'une manière durable un bon accord entre les propriétaires et les commerçants dont les intérêts sont journellement en contact. Dans cette fraternelle union, le commerce, la propriété trouveront leur repos, des garanties pour l'avenir, un commun succès. Cette institution placée sous la direction d'hommes éminemment supérieurs, jouissant d'une haute estime, imprimerait aux affaires un heureux élan, raffermirait la confiance, maintiendrait entre les deux parties des relations amicales qui ne pourraient avoir leur jour d'obscurité sans grand péril pour les intérêts sur lesquels elles s'appuieraient. Les liens qui rattacheraient le commerce à la propriété provoqueraient une mutuelle assistance, la confraternité qui en serait la conséquence ne serait que très-profitable au commerce et à la propriété. Association dans le travail, efforts communs pour le succès, porteraient d'heureux fruits.

Nous sommes à la limite de notre travail. Pour en finir, nous demanderions que MM. les maires de Paris, qui sont nos élus, qui ont charge de nos intérêts, mission de les protéger, nomment une commission qui mettrait à l'étude, sans délai, la quatrième proposition. Cette commission appellerait dans son sein des délégués de la propriété, du commerce, s'éclairerait de leurs lumières. Après examen de notre projet, elle déciderait s'il y a lieu d'y donner suite, préparerait les éléments de la discussion.

Un gouvernement républicain doit aux intérêts de tous une égale protection. La question que nous soulevons nous parait d'une si haute importance, des intérêts si majeurs sont en jeu qu'il ne faut pas en abandonner la décision à l'arbitraire, à la violence des passions.

En cette matière, les représentants de la nation devraient être les souverains juges. C'est devant cette haute cour de justice que nous désirerions que la question fût portée en dernier ressort. Les parties intéressées n'auraient qu'à s'incliner devant son arrêt.

Si, à une condition locative particulière à Paris, préjudiciable à son commerce, capricieuse, arbitraire dans son application, le temps, par sa consécration, a donné presque force de loi, une loi nouvelle, émanant de sa vraie source, doit l'abroger.

Nous le demandons dans un but de paix, dans l'intérêt général.

Paris, 14 mars 1871.

PARIS. — IMP. VICTOR GOUPY, RUE ARANCIÈRE 5.